MONEY BOX

돈이 뭐예요?

벤 허버드 글
베아트리스 카스트로 그림
이승숙 옮김

돈이 뭐예요?

초판 1쇄 2021년 8월 20일
초판 2쇄 2022년 8월 30일

글쓴이 벤 허버드
그린이 베아트리스 카스트로
옮긴이 이승숙
펴낸이 조영진
펴낸곳 고래가숨쉬는도서관
출판등록 제406-2012-000082호
주소 경기도 파주시 회동길 329(서패동) 2층
전화 031-955-9680~1
팩스 031-955-9682
홈페이지 www.goraebook.com
이메일 goraebook@naver.com

글 ⓒ 벤 허버드 2019 | 그림 ⓒ 베아트리스 카스트로 2019
* 값은 뒤표지에 적혀 있습니다.
* 잘못 만든 책은 구입하신 서점에서 바꾸어 드립니다.
* 책의 내용과 그림은 저자나 출판사의 서면 동의 없이 마음대로 쓸 수 없습니다.
ISBN 979-11-89239-54-1 74320
      979-11-87427-53-4 74320(세트)

MONEY BOX: WHAT IS MONEY?
Text by Ben Hubbard
Illustrations by Beatriz Castro
First published in Great Britain in 2019 by The Watts Publishing Group
Copyright ⓒ The Watts Publishing Group 2019
Korean edition copyright ⓒ Goraebook Library 2021.
All rights reserved.
This Korean edition published by arrangement with The Watts Publishing Group Limited, on behalf of its publishing imprint Franklin Watts, a division of Hachette Children's Group, through Shinwon Agency Co., Seoul.

글쓴이 벤 허버드

뉴질랜드 웰링턴에서 밴드, 배우, 예술가들과 인터뷰를 하고, 신문 기사를 썼어요. 그 후 영국에서 작가가 되어 우주, 팝 뮤직, 반려동물, 토네이도와 럭비 기술에 이르기까지 다양한 주제의 글을 쓰고 있어요. 『디지털 시민 학교』 시리즈 등을 썼어요.

그린이 베아트리스 카스트로

스페인 라리오하에서 태어나 어렸을 때부터 늘 그림을 그리고 글을 써 왔어요. 예술 대학을 졸업한 후에, 전문 일러스트레이터로 일을 시작했어요. 그림을 그린 책으로는 『세계 시장, 어디까지 가 봤니?』 등이 있어요.

옮긴이 이승숙

오랫동안 외국의 좋은 어린이 책을 찾아 우리말로 옮기고 소개하는 일을 하고 있어요. 또한 어린이들이 재미있게 읽을 수 있는 책을 쓰기도 합니다. 옮긴 책으로 『어둠 속 어딘가』, 『아기가 어떻게 만들어지는지에 대한 놀랍고도 진실한 이야기』 등이 있어요.

품명: 도서	전화번호: 031-955-9680	제조년월: 2022년 8월
제조국명: 대한민국	제조자명: 고래가숨쉬는도서관	
주소: 경기도 파주시 회동길 329 2층	사용 연령: 8세 이상	

*KC마크는 이 제품이 공통안전기준에 적합하였음을 의미합니다.

MONEY BOX
돈이 뭐예요?

이 책에서는 돈에 관한 많은 사실을 알려 주고 있어요. 돈이 왜 중요할까요? 돈은 먹을 수도 마실 수도 없는데 말이죠. 우리들 대부분은 살기 위해 돈이 필요해요. 옷, 전기, 음식과 물 같은 거의 모든 것들을 돈으로 사야 하거든요. 돈이 없는 세상은 상상할 수가 없어요.

어떤 사람들은 돈이 세상을 돌아가게 만든다고 해요.

돈이 있을 때, 우리는 선택을 해야 해요.
우리는 돈으로 무엇을 할 수 있을까요? 다음과 같은 것들을 할 수 있어요.

저축을 할 수 있어요.

물건을 살 수 있어요.

기부를 할 수 있어요.

또는 더 많은 돈을 벌 수 있어요!

레오가 "돈이 뭐예요?" 라고 물어요.
돈이 무엇인지 알기 위해 이 책을 계속 읽어 보아요!

레오는 곧 일곱 살이 돼요. 그런데 집에서 돈을 본 적이 없어요. 왜냐하면 아빠는 인터넷 쇼핑몰에서 물건을 사고, 엄마는 신용 카드로 옷을 사고, 누나는 핸드폰으로 물건을 사기 때문이에요.

다들 물건을 산다고 하는데, 돈을 어디에 숨겨 놓은 걸까?

레오가 생일 카드를 펼쳤을 때 모든 것이 달라졌어요. 생일 카드에서 돈이 나온 거예요.

레오는 사고 싶은 것들을 생각해 보았어요. 반짝반짝 빛나는 스포츠카, 새 물안경, 달콤한 사탕이 가득 든 커다란 유리병 등등.

"그런데 레오, 넌 그걸 다 살 만큼 돈이 많지 않아."

"뭐라고요?"

학교 가는 길에, 레오와 아빠는 판매용 자동차를 보아요. 가장 비싼 차는 반짝반짝 빛나는 새 차예요. 하지만 값이 더 싼 중고차들도 있어요. 레오는 마음에 드는 차를 발견해요.

내가 원하는 차가 바로 이거예요!

레오, 넌 그 차를 살 수 없어.

알겠어요. 그럼 저 초록색 차는 살 수 있나요?

아니, 그것도 살 수 없어. 넌 운전도 못 하잖아.

학교에서 레오는 혼란스러웠어요. 돈이 있지만 레오는 스포츠카를 살 수 없대요. 돈에는 많은 규칙이 따르거든요. 점심시간에 레오와 친구들은 정말 간단하게 음식을 바꿔 먹어요. 물건은 사는 것보다 서로 바꾸는 게 더 편리하지 않을까요?

기원후 9세기경에 중국에서 최초로 종이돈을 사용했어요. 나중에 이탈리아의 탐험가인 마르코 폴로가 종이돈 아이디어를 유럽에 전했어요.

유럽에서는 17세기 무렵에 종이돈이 처음 사용되었어. 영국에서는 금 세공인의 금고에 금을 맡기는 사람들이 있었어. 금 세공인은 얼마나 많은 금을 보관했는지 알려 주는 증서를 그들에게 주었지. 나중에 이 증서가 지폐, 곧 종이돈이 되었단다.

방과 후에 레오는 엄마와 은행에 가요. 은행에서 레오는 자신의 종이돈을 금화 열 개와 바꿀 수 있는지 물어보아요. 하지만 은행 지점장이 이제는 종이돈이 금을 상징하지 않는다고 해요.

레오, 네가 원하면 금을 아주 조금 살 수는 있을 거야. 다른 나라의 돈도 살 수도 있고.

모든 나라에는 그 나라만의 돈이 있어요. 그걸 바로 통화라고 하지요. 그래서 다른 나라에 여행을 가면 그 나라의 통화, 곧 그 나라의 돈을 사야 해요.

세계 여러 나라의 통화

영국 : 파운드 스털링

미국 : 달러

유로화 지역 : 유로

중국 : 위안

러시아 : 루블

인도 : 루피

브라질 : 헤알

알제리 : 알제리 디나르

인도네시아 : 루피아

대한민국 : 원

은행 지점장이 레오에게 돈이 있으면 예금 계좌 통장을 만들 수 있다고 해요. 그러면 레오가 돈을 갖고 다니지 않아도 될 거래요. 레오가 돈을 쓰려고 할 때까지 레오 대신 은행이 그 돈을 안전하게 맡아 줄 거예요.

집에서 레오가 아빠에게 통장을 보여 줘요. 아빠와 레오는 함께 온라인 계좌에 접속해요.

레오, 잘 봐.
네 통장 계좌의 이자율*이
10퍼센트야.

이자가 뭐예요?

이자는 네가 은행에
맡긴 돈에 대해 보답으로
주는 돈이야.

* 이 책에 나오는 이자율은 이해를 돕기 위해 실제 이자율보다 높은 숫자를 사용했습니다.

통장이 생기니까, 레오는 어른이 된 듯한 기분이 들어요. 레오는 돈을 저축하고 시간이 흐르면서 그 돈이 불어나는 걸 지켜볼 수 있어요. 또는 그 돈을 쓸 수도 있고요! 엄마와 함께 외출했을 때, 레오는 사고 싶은 물건을 많이 보았어요.

레오는 돈이 있으면 여러 선택을 할 수 있다는 걸 몰랐어요. 그런데 이제 많은 걸 배웠어요. 레오는 새롭게 배운 지식을 이용해서, 여러 방법으로 돈을 사용할 수 있게 되었어요.

레오는 돈을 저축해요.

4파운드를 저축했고 앞으로도 용돈을 더 많이 저축할 거예요.

퀴즈

마지막으로 책에서 배운 내용을 정리해 보아요. 돈을 저축하는 것에 대해 얼마나 많이 배웠는지 생각해 볼까요? 다음 문제를 풀면서 알아보아요.

1 사람들은 대부분 돈을 어디에 맡길까요?
- a. 책상 서랍
- b. 옷장
- c. 은행

2 사람들은 물물 교환을 어떻게 하나요?
- a. 물건을 바꿔서
- b. 음식을 먹어서
- c. 음료를 마셔서

3 최초의 동전은 무엇으로 만들었나요?
- a. 곡식
- b. 그릇
- c. 호박금

4 유럽에 종이돈을 소개한 사람은 누구일까요?
- a. 크리스토퍼 콜럼버스
- b. 마르코 폴로
- c. 닐 암스트롱

5 한 나라의 돈을 다른 말로 뭐라고 하나요?
- a. 통화
- b. 금화
- c. 군화

정답
c, a, c, b, a

용어 설명

거래
상품과 서비스를 사고파는 일.

곡창
곡식을 저장하는 곳.

금 세공인
금 제품을 만드는 사람. 과거에 금 세공인은 은행가로 일하기도 했어요.

기부
자선 사업이나 공공사업을 돕기 위해 돈이나 물건을 대가 없이 내놓는 것.

비접촉 카드
상품이나 서비스의 값을 내기 위해 카드 단말기에 가까이 대는 은행 카드.

신용 카드
상품이나 서비스의 값을 내기 위해 사용하는 플라스틱 카드. 상품이나 서비스의 값은 나중에 다 내야 해요.

중고
자전거나 옷 같은 물건이 새 것이 아니라 전에 다른 사람이 사용했거나 가졌던 것.

통화
어떤 나라에서 사용되는 화폐로, 물건값을 내거나 저축을 하거나 갖고 다닐 수 있어요.

철제
쇠로 만듦. 또는 쇠로 만든 물건.

보관증
남의 물품을 맡아 관리하는 사실을 증명하는 표.

돈에 대한 사실들

돈에 대해서는 알아야 할 것들이 많아요.
아래 사실들을 살펴보아요!

- 종이돈(지폐)은 거대한 롤러로 인쇄해요. 그런 다음 우리가 지갑에 넣고 다닐 수 있게 직사각형으로 잘라요.

- '은행'이라는 뜻인 영어의 '뱅크'는 벤치를 뜻하는 고대 이탈리아어인 '방카'에서 비롯되었어요. 옛날에 이탈리아에서는 벤치를 계산대로 이용했는데, 돈과 상품의 거래가 이루어졌던 '방카'가 은행인 '뱅크'가 되었어요.

- 희귀한 동전은 아주 비싸게 팔려요. 1794년에 만들어진 1달러 은화의 가치는 천만 달러가 넘는대요.

- 정직하지 못한 사람들이 초기의 금화나 은화의 가장자리를 깎아 내곤 했어요. 그러고는 깎아 낸 부스러기를 녹여서 금속 막대나 새 동전을 만들었어요. 이렇게 깎는 걸 막기 위해, 오늘날 동전은 톱니바퀴 모양이에요.

- 미국 정부는 금을 대부분 '포트 녹스'라고 불리는 군사 기지에 보관해요. 이 저장소는 폭발을 막아 주는 방폭 벙커예요.